Jürgen Joachim Taegert

FRIEDENSGEDANKEN

DER KRIEG UND UNSER GLAUBE

Geistliche Betrachtungen anlässlich des Ukraine-Krieges

gehalten bei der Bläserfreizeit des
Verbandes Evang. Posaunenchöre in Bayern
am Achensee vom 2. - 9. Okt. 2022

AF219391

Mit dem Autor bei der täglichen geistlichen Besinnung

FRIEDENSGEDANKEN

DER KRIEG UND UNSER GLAUBE

Geistliche Betrachtungen

bei der Bläserfreizeit des
Verbandes Evang. Posaunenchöre
am Achensee vom 2. - 9. Okt. 2022

von Jürgen Joachim Taegert, Kirchenpingarten

Inhalt

Bibliografische Informationen der Deutschen
Nationalbibliothek:
   Die Deutsche Nationalbibliothek verzeichnet diese
Publikation in der Deutschen Nationalbibliothek;
detaillierte bibliographische Daten sind im Internet über
http://dnb.dnb.de abrufbar.

Bearbeitung, Design und Layout:
Jürgen Joachim Taegert

© 2022 Taegert, Jürgen Joachim, Kirchenpingarten

Herstellung und Verlag:
BoD – Books on Demand, Norderstedt

ISBN: 978-3-756828-40-1

Vorwort

Sich gemeinsam über die Bibel und den christlichen Glauben zu besinnen, gehört bei den Bläserfreizeiten des Verbandes Evangelischer Posaunenchöre in Bayern zum vertrauten täglichen Programm. Die Coronakrise, verschärft durch den Überfall Russlands auf die Ukraine, hat hier ein vertieftes Betroffenheitsgefühl erzeugt. Dem versuchen diese aktuellen „Friedensgedanken" zu entsprechen. Sie wurden bei der Bläserfreizeit im Herbst 2022 am Achensee vorgetragen und werden nun allgemein zugänglich gemacht.

Wir fragen beim Thema „Krieg und Frieden" bewusst nach den Grundlagen der christlichen Moral heute. Sechs Abschnitte reflektieren die Haltung der Menschheit und im besonderen der Christenheit bei der Anwendung von Gewalt gegenüber dem Nächsten. Wenn die Sehnsucht der Menschen nach Frieden zur Realität werden soll, dann braucht es dazu den Wunsch nach Versöhnung und ein Klima des gegenseitigen Vertrauens. Wir sollen uns einladen lassen, eine eigene Position einzunehmen und uns an vertrauensbildenden Maßnahmen aktiv zu beteiligen. So kann der **Pilgerweg des Vertrauens auf der Erde** sich weiter beleben. Die mehrstimmigen Friedenslieder, die bei den Andachten gesungen und gespielt wurden und die beigefügten Gebete mögen diesen Weg begleiten.

Jürgen Joachim Taegert

Kirchenpingarten, im November 2022

Dona nobis pacem (Kanon) - EG 435

MM = 92

Text: aus dem altkirclichen "Agnus Dei" - Mel.: überliefert - Satz nach Posaunenchoralbuch zum EG 435

I. Der Krieg in der Ukraine weckt unsere Fragen

Musik und Gesang 1: *„Dona nobis pacem"*
(Kanon EG 435, PCB)

Der Krieg in der Ukraine berührt uns alle zutiefst. Wir fühlen uns ohnmächtig, überfordert, traumatisiert: Ein Krieg im Herzen Europas, in unserer Zeit! Die Folgen werden auch für uns selbst spürbar: Vieles wird gerade knapper und teurer; schon malt man uns einen kalten Winter an die Wand.

Dieser Krieg betrifft aber auch meine Einstellung als Christ.

„Krieg soll nach Gottes Willen nicht sein". So hat der Weltkirchenrat bereits 1948 erklärt. Die katastrophalen Erfahrungen des Zweiten Weltkrieges hatte das Gewissen der Christenheit tief getroffen. 150 Kirchen aus der ganzen Welt, die über eine halbe Milliarde Menschen repräsentierten, formulierten damals bei der 1. Vollversammlung des Ökumenischen Rates der Kirchen in Amsterdam ihr klares Nein.

Jetzt, vom 31. Aug. bis 8. Sept. 2022, tagte diese Vollversammlung in Karlsruhe. Es war in der über 70jährigen Geschichte des Ökumenischen Rates der Kirchen die erste Tagung in Deutschland. Hier wiederholten die Delegierten angesichts des Ukraine-Krieges diese Aufforderung:*„Krieg soll nach Gottes Willen nicht sein".* Mittlerweise 350 Mitgliedskirchen hatten über 5.000 Teilnehmer entsandt. Haben wir das mitbekommen? Wohl eher nicht. Das dokumentiert die derzeitige Schwäche der Weltchristenheit: Ihre Botschaft ist keiner Nachricht wert, ihre Stimme wird nicht gehört.

Deshalb habe ich mir für die geistlichen Betrachtungen in den Tagen unserer Bläserfreizeit am Achensee umso nachdrücklicher dieses Thema gestellt: *„Der Krieg und unser Glaube".* Weil ich denke, dass unter uns noch mehr Leute sind, die sich nicht allein von den täglichen Kriegsnachrichten in den Medien treiben lassen wollen, sondern die eine eigene Einstellung suchen, die in unserem christlichen Glaubens wurzelt.

Seit über sieben Monate hält der russische Präsident WLADIMIR PUTIN mit seinem Überfall auf die UKRAINE die Welt in Atem. Er nennt das „Spezialoperation", hat damit aber in Wahrheit eine längst vergangen geglaubte Institution wiederbelebt: den *Krieg als eine organisierte gewaltsame Aktion, mit der ein Staat einem anderen souveränen Staat mit militärischen Mitteln seinen Willen aufzwingen will.*

Über die tatsächlichen Ziele Putins gibt es bis heute nur Vermutungen: Hatte und hat er weiterhin die Absicht, die ukrainische Regierung stürzen und das ganze Land unter russische Kontrolle zu bringen? Das befürchten die meisten. Ist ihm in die Nase gefahren, dass sich diese junge Nation für eine Integration im westlichen

Europa interessiert und damit endgültig aus dem russischen Einflussbereich verabschieden will?

Der Theologieprofessor REINHARD MOKROSCH (*1940), ein Altersgenosse von mir, hat vor gerade mal sechs Jahren für das *Wissenschaftlich-Religionspädagogische Lexikon der Deutschen Bibelgesellschaft* im Internet einen Artikel zum Thema „Krieg und Frieden" geschrieben, der mich bei diesem Nachdenken angeregt hat. Darin heißt es noch: „Weltweit finden heute Kriege nicht mehr *zwischen Staaten*, sondern *innerhalb zerfallender* Staaten statt". Er benennt: „Guerillakriege ..., Sezessionskriege [usw.] ..., in denen War Lords, marodierende Milizen, Freischärler, bewaffnete Zivilisten und Kindersoldaten neben, mit oder gegen regulär ausgebildete Armee-Soldaten kämpfen." – Haben sich REINHARD MOKROSCH und die Bibelgesellschaft hier geirrt? Feiert die alte historische Institution „Krieg zwischen Staaten" in unserer Zeit grässliche Urständ? Werden andere Staaten das nachahmen? Vielleicht bald China gegen Taiwan? Und welche Haltung nehmen wir als Christen dazu ein?

Binnen drei Tagen würde PUTIN seine Ziele erreichen, — so dachte man seinerzeit beim Beginn dieses Überfalls im Februar. Was seitdem in der Ukraine passiert, überrascht viele. Dem grausamen Terror, den die Soldaten, Bomben und Raketen der Russen verbreiten, steht ein immer stärkerer und internationaler werdender Widerstand gegenüber.

Dieser Widerstand trägt freilich einen Namen: WO-
LODIMIR SELENSKIJ. Dieser Mann ist ein Phänomen. Er ist
sicher der Motor dieses Widerstandes. Vorher Kabaret-
tist, Drehbuchautor und Filmemacher, spielt er nun die
Rolle seines Lebens. Über Nacht hat ihn seinerzeit seine
Darstellung als Geschichtslehrer HOLOBORODKO bei
praktisch allen Ukrainern, die einen Fernseher haben,
bekannt gemacht. Seit 2015 wurde seine beliebte satiri-
sche Fernsehserie „Diener des Volkes" in der Ukraine
gezeigt. Sie hat SELENSKIJ den Weg ins Präsidentenamt
geebnet, nach dem Vorbild im Film. Als dann der ukrainische Präsident im Mai 2019 direkt gewählt wurde, hat
sich SELENSKIJ mit 73 % der abgegebenen Stimmen über-
raschend klar durchgesetzt, und das, obwohl auch sein
Kontrahent ein Europa-Fan und *kein* Russenfreund war.

Und die Krönung dieser Realsatire: Seiner eigens neu
geschaffenen Partei hat SELENSKIJ denselben Namen gegeben, wie seiner Satiresendung: „Diener des Volkes";
mit ihr hat er dann auch die Parlamentswahl gewonnen,
im Juli 2019, mit über 43% der Stimmen und der Mehrheit der Direktmandate, das erlaubt ihm nun die ersten
Alleinregierung in der Geschichte der seit 1991 unab-
hängigen Ukraine. – Nebenbei bemerkt, stellte die Tel
Aviver Tageszeitung HAARETZ auch fest, die UKRAINE sei
nun das einzige Land neben Israel, das sowohl einen jüdischen Präsidenten als auch, als zweiten Mann, einen
jüdischen Premier habe, übrigens schon zum zweiten
Mal. Das ist insofern bemerkenswert, als in allen anderen

Ländern Osteuropas immer noch ein deutlicher Antisemitismus spürbar ist.

SELENSKIJ ist auch für Deutschlands Engagement der Motor des Geschehens. Mit seiner Darstellungskunst und seiner überzeugenden Rhetorik schafft er es ja bis heute, viele bei uns und auch den gesamten Westen für die Sache der Ukraine einzunehmen. Die erste Schockstarre der Deutschen hat er genutzt, um unsere Politiker zu Handlungen zu treiben, die bis zum Anfang dieses Jahres niemand für möglich gehalten hätte, angefangen von einem gewaltigen Zukunftsetat für die Bundeswehr, über die bis dahin undenkbare Lieferung von Rüstungsmaterial in ein kriegsführendes Land, bis hin zu Boykotthandlungen, die für uns selbst äußerst schmerzhaft und kostspielig sind und die hierzulande zu politischen Verwerfungen führen können. Energieintensive Betriebe wie Glasproduzenten oder Bäckereien zittern bereits um ihre Zukunft, andere werden folgen. Die Preise für Energie explodieren.

Die Ironie dabei: Das kriegführende Russland erzielt jetzt 10 % *mehr* Einnahmen als vorher, obwohl es seine Energieexporte in den Westen inzwischen mehr als halbiert hat. Sogar Tabubrüche, wie die Weiternutzung von Atomkraftwerken, sind inzwischen bei uns beschlossene Sache. Die Grünen, die ja eigentlich im Pazifismus wurzeln, sind unerwartet zum zweiten Mal in ihrer Geschichte zur Kriegspartei geworden, nachdem sie schon im Kosovokrieg 1998/99 für den Einsatz von Bomben votiert haben.

Viele Christen, die diesen atemlosen Wandel verfolgen, sind in ihrer Haltung nun tief verunsichert, besonders solche, die früher in der Friedensbewegung aktiv waren.

Ich selber gehöre zu denen, die als junge Leute noch freiwillig zur (1955) neu gegründeten Bundeswehr gegangen sind, anfangs der 1960-er Jahre. Der Geschichtsunterricht während meiner Schulzeit war nur bis zur Weimarer Republik gekommen. Von den Kriegsverbrechen der Soldaten und SS-Einsatzgruppen im Zweiten Weltkrieg ahnten wir noch nichts. Meine Einstellung änderte sich aber rasch, als ich als angehender Leutnant der Reserve persönlich mitbekam, wie ungeniert die Bundeswehr seinerzeit mit dem Einsatz von Atomwaffen sogar im eigenen Lande liebäugelte. Diese Atomkriegsdoktrin, die uns akustisch und optisch im Hörsaal der Heeresoffiziersschule München, schriftlich im brandneuen, rot eingebundenen Handbuch „Truppenführung TF 60" nahegebracht wurden, beförderte meinen eigenen Pazifismus und meinen Wunsch zum Theologiestudium.

In den1980-er Jahren identifizierte ich mich als Jugend- und Gemeindepfarrer und auch als Religionslehrer mit dem verbreiteten Slogan *„Frieden schaffen ohne Waffen"* und brachte dem bekannten Friedenssymbol nach den Propheten MICHA und JESAJA: *„Schwerter zu Pflugscharen" (Micha 4,1ff, Jesaja 2,2ff)* viel Sympathie entgegen. Wer von uns jetzt über 50 Jahre alt oder älter ist, wird sich noch erinnern: Hunderttausende gingen in den

80-er Jahren in Deutschland auf die Straße. Sie demonstrierten für Abrüstung und bildeten Menschenketten. Als dann mit dem Ende der 1980-er Jahre das Ende des Sowjetsystems in Sicht kam, demonstrierten die Menschen auch im anderen Teil Deutschlands, in der DDR, in hunderten von Städten, in tausenden von Kirchen, für eine Wiedervereinigung Deutschlands, ohne Anwendung von Gewalt, mit dem Licht in den Händen, und skandierten den Slogan: *„Wir sind das Volk".*

Die allgemeine Stimmung der Zeit war: Wir *können* den „Kalten Krieg" beenden, wir *können* einen Wandel der Gesinnung unter den Menschen herbeiführen, durch gegenseitige Annäherung; einen „Eisernen Vorhang" braucht es in Mitteleuropa nicht länger.

Dass dann die Öffnung dieses Eisernen Vorhangs, dieser minenbewehrten Stacheldrahtgrenze, die sich von Nord nach Süd durch Deutschland zog, im November des Jahres 1989 wirklich so rasch gelang, hatte natürlich auch einen besonderen Namen: MICHAEL GORBATSCHOW. Im eigenen Lande hat man ihm jetzt nach seinem Tod am 30. August 1922 das Staatsbegräbnis verweigert. Es hätte auch ihm wie allen russischen Präsidenten vor ihm zugestanden. Doch der Zorn der Mehrzahl der Russen auf ihn sitzt noch zu tief. In den Augen Vieler war Gorbatschow ein Verräter der russischen Sache an den feindlichen Westen. Denn Russland versteht sich ja seit dem Stalinismus als *Gegenpol zum dekadenten kapitalistischen Westen.* So sieht es auch mit Überzeugung die Russisch-orthodoxe Kirche.

Wir Deutsche sehen das anders. Bei uns gilt GORBAT-SCHOW als Messias, hat er doch damals den Mut besessen, das Denken in Machtblöcken infrage zu stellen. Den Erosionsprozess auf breitester Front, der damals das ganze Sowjetsystem zum Einsturz brachte, ließ er zu. In einem Vier-Augen-Gespräch mit dem damals noch regierenden mächtigsten Mann der DDR ERICH HONECKER sprach er, wie er sich selbst gern erinnerte, sein berühmt gewordenes, nachdenkenswertes Bonmot aus: *„Das Leben verlangt mutige Entscheidungen. Wer zu spät kommt, den bestraft das Leben".*

Wo stehen in diesen Prozessen des Lebens die Christen? Ist Christsein das *Rezept* für den Frieden oder ist es manchmal auch ein *Hindernis*? Wir stehen hier vor einem rätselhaften Paradox.

Man bedenke: GORBATSCHOW, der die europäische Friedensordnung damals so entscheidend vorangebracht hat, war ein erklärter *Atheist* bis zu seinem letzten Lebenstag. Auch der evangelikale amerikanische Präsident RONALD REAGAN konnte ihn mit seinen rührigen Bekehrungsversuchen nicht davon abbringen. Von der russischen Kirche kam niemand zu Gorbatschows Sarg.

Auf der anderen Seite PUTIN. Er ist Präsident eines Landes, dessen Bevölkerung sich nach dem Ende des Kommunismus wieder zu rd. 70 % zum Christentum bekennt. PUTIN führt nun Krieg gegen ein Bruderland, das einen noch höheren christlichen Bevölkerungsanteil hat. PUTIN ist persönlich stolz auf seine christliche Taufe; er zeigt sich auch gern als Mann seiner russischorthodoxen Kirche. Er interessiert sich aber nicht für die mahnenden Worte des Papstes und der Weltkirche gegen diesen Krieg. Sein Patriarch KYRILL unterstützt ihn ganz offen und ruft die Gemeindeglieder auf zum Gebet für PUTIN.

Wo stehen also Christen mit ihrer Einstellung? Und wem nützen sie? Diesen existenziellen Fragen möchte ich in diesen gemeinsamen Tagen nachgehen. Ich frage nach dem Krieg in der Menschheitsgeschichte und in unserer Bibel und suche nach Konsequenzen für unsere Einstellung heute.

Gebet

(Evangelische Kirche in Deutschland - EKD)

Gott,
wie zerbrechlich unsere Sicherheiten sind,
wie gefährdet unsere Ordnungen,
das erleben wir in diesen Tagen.

Wer sieht uns mit unserer Hilflosigkeit und Angst?
Wütend und fassungslos erleben wir,
wie ein Machthaber die Freiheit und das Leben vieler
Menschen gefährdet.
Wie am Rand Europas Krieg herrscht.
Welchen Informationen können wir trauen?
Was geschieht als Nächstes?
Können wir etwas tun, das hilft und etwas bewegt?

Wir bringen dir unsere Sorgen.
Sieh du die Not und Angst.
Wir bitten dich für die, die um ihr Leben fürchten,
und für die, die schon ihr Leben verloren haben.
Wir beten, dass der Krieg bald endet
und man friedliche Lösungen findet.

Amen

Verleih uns Frieden gnädiglich

Felix Mendelssohn-Bartholdy 1831

Ver-leih uns Frie-den gnä-dig-lich, Herr Gott, zu

un-sern Zei-ten! Es ist doch ja

kein an-drer nicht, der für uns könn-te strei-

Der Krieg und unser Glaube

(Mendelssohn, Verleih uns Frieden S. 2)

II. Gewalt und Krieg in der Evolutionsgeschichte und im Alten Testament

Musik und Gesang 2:

„Verleih uns Frieden gnädiglich" (Felix Mendelssohn-Bartholdy)

In der historisch belegten Menschheitsgeschichte soll es zehntausende von Kriegen gegeben haben. Über eine Milliarde Menschen sollen ihnen zum Opfer gefallen sein. Nach anderen Schätzungen soll Zahl der Kriegstoten sogar 3,5 Milliarden betragen haben, von etwa 100 Milliarden bis heute Lebenden (Wiki). M.a.W.: Für etwa jeden 30. Erdenbürger ist bislang Krieg die Todesursache gewesen. Nachdem sich die Menschheit in unserer Zeit so gründlich um die Bekämpfung von medizinischen Todesursachen bemüht, liegt auch die Frage auf der Hand: Wie kommt man diesem schrecklichen Problem Krieg als Todesursache bei? Wo stehen also wir Christen mit unserer Einstellung? Und wem nützen wir?

In unserem ersten Hauptteil heute fragen wir nach der Einstellung zum Krieg im Alten Testament.

Dieser Untersuchung möchte ich eine interessante Frage vorausschicken: **Seit wann gibt es überhaupt Kriege**? Was sagen Anthropologen, Verhaltensforscher und Archäologen dazu: In welchem Abschnitt unserer Menschheitsgeschichte lokalisieren sie die Entdeckung von Krieg als eine Möglichkeit, seine Interessen gewaltsam durchzusetzen? **Tritt der Krieg erst in einer bestimmten Kulturstufe der Menschheit auf? Oder gehören Kriege von Anfang an zum Wesen unseres Menschseins?**

Beide Anschauungen werden von Wissenschaftlern vertreten, für *beide* finden wir aber auch Belege in der Bibel.

Da ist einmal die Anschauung, der Krieg sei **mit der Sesshaftwerdung des Menschen verbunden**. Diese Sesshaftwerdung vollzog sich im Neolithikum, in der Jungsteinzeit, etwa 10.000 Jahre vor Christi Geburt. Krieg wäre demnach also eher ein recht junges Phänomen im Verlauf unserer Evolutionsgeschichte, die wir ja für den homo sapiens mit etwa 300.000 Jahren, für die Entwicklung der Gattung Homo sogar mit etwa 2,5 Millionen Jahren annehmen. Also kaum 3% oder gar Promille der Menschwerdung wären vom Krieg geprägt gewesen. Die nomadisch lebenden Jäger und Sammler der Vorzeit hätten noch keine Kriege geführt. Erst als der Mensch sich dauerhaft niederlässt und sich seine Nahrung nun durch das Bebauen von Äckern und das Züchten von Pflanzgut und Vieh beschafft, wird auch die Frage nach dem Besitz von Land akut. Landeserwerb, aber auch Landesverteidigung sind seit jeher die bedeutendsten Kriegsgründe. – Mit diesem Argument führte ja auch Hitler seinen Russlandfeldzug: Eroberung von Lebensraum im Osten!.

Dazu kommt die Gier nach Gegenständen, die man besitzen möchte. Als im Altertum die ersten größeren Städte entstehen, konzentriert sich in ihnen der Handel mit Waren, Schmuck, Gewürz und Besitzgütern. Das schafft Begehrlichkeiten. Auch dafür führt der Mensch Kriege, für mehr Luxus, für ein vermeintlich besseres Leben. Aus der Zeit vor etwa 12.000 Jahren sind solche ersten systematisch geführten Kriege durch Waffenfunde und Brandruinen archäologisch nachweisbar.

Kriege um Land und um Besitz, solch blutiges Geschehen spiegelt sich auch in der Bibel: insbesondere in den Geschichten von der Landnahme des Volkes Israel im Heiligen Land, also vor allem in den Büchern Josua und Richter, dazu ist gleich noch etwas zu sagen.

Zuvor betrachten wir aber noch die andere Auffassung, welche wie gesagt ebenfalls in der Wissenschaft vertreten wird, nämlich: Die Neigung zu Gewalt und Krieg sei sehr viel älter; sie sei **bereits in unserm Menschsein grundsätzlich mit angelegt**, auch wenn diese Kriege die meiste Zeit noch nicht so systematisch und geplant verlaufen, wie dann seit dem Neolithikum. Vergleichbare aggressive Neigungen habe man auch bei stammesgeschichtlich verwandten Primatengruppen, also bei manchen Affenarten angetroffen, wo manche regelrechte Kriege gegeneinander führen können.

In der Bibel begegnen uns beide Anschauungen: die vom Krieg als Entwicklung in einer bestimmten *Kulturstufe*, und die von einer grundlegenden *Veranlagung*.

Betrachten wir zunächst die Anschauung von einer der grundlegenden **aggressiven Veranlagung** der Menschheit von Anfang an, so stoßen wir natürlich sofort auf die Erzählungen in den ersten Kapiteln unserer Bibel. Der ältere Schöpfungsbericht, der aber in unserer Bibel an zweiter Stelle steht, schildert in 1. Mose, 4 den Mord des ersten Abkömmlings von Adam und Eva, KAIN, am Zweitgeborenen, seinem Bruder ABEL. Als Mordmotiv nimmt die Bibel Eifersucht an, wegen Gottes Zuwendung. Bezeichnenderweise wird das Opfer, ABEL, als Schäfer bezeichnet und der Täter, KAIN, als Ackermann. Am Beispiel dieses Mordes wird der kommende Konflikt zwischen der nomadischen und der sesshaften Lebensweise der Menschen reflektiert, der dann im Neolithikum zu einem Kriegsgrund wird. Angelegt ist diese Fähigkeit zu Gewalt und Brudermord aber bereits in den ersten Menschen, sagt die Bibel.

Die Bibel beurteilt diese Gewalttätigkeit kritisch. Sie bringt sie in einen Zusammenhang mit dem religiösen Glauben und Tun des Menschen: Er will sich von Gott entfernen; er will seine düsteren Vorhaben vor Gott verbergen. Doch Gott stellt ihn und fragt: *„Warum bist du zornig? Ist nicht so? Wenn du fromm bist, so kannst du frei den Blick erheben; bist du aber nicht fromm, so lauert die Sünde vor der Tür, und nach dir hat sie Verlangen, du aber herrsche über sie“*, sagt Gott zu Kain (1. Mose 4, 6f).

Mit anderen Worten und mit den Ergebnissen der Verhaltensforschung gesprochen: Der Mensch verfügt *nicht* über eine instinktive „Beißhemmung" gegenüber seinen Mitmenschen, wie sie viele Tierarten besitzen. Wenn dort der Besiegte dem Sieger seinen Hals hingestreckt, blockiert bei dem Stärkeren das Maul, er kann nicht zubeißen. Der Mensch dagegen schlägt auch auf den Wehrlosen ein, bis er sich nicht mehr rührt. Er muss erst mühsam *lernen, mit seinen Aggressionen umzugehen*. Er muss seine stets vorhandene Angriffslust *in gute Bahnen umleiten*, „sublimieren", wie die Psychologie sagt. Dabei kann ihm seine Kultur und sein Glaube helfen.

Einer solchen Aufgabe der religiösen und kulturellen Veredelung des Menschen stellt sich auch die Bibel. Sie sieht sich hier von Gott beauftragt. Bemerkenswerterweise wird ja dieser erste Mörder der Menschheitsgeschichte, KAIN, von Gott mit einem Schutzzeichen versehen; es soll ihn vor Blutrache schützen, das sogenannte Kainsmal. Meist interpretiert man es falsch, nämlich negativ, als eine Art Schandmal für Ausgestoßene – der Vorläufer des Judensterns. Das Kainsmal ist aber in Wahrheit positiv gemeint; es soll Kain schützen. Ihm wird in der Bibel eine große Schar von Nachkommen attestiert, mit interessanten Berufen: Einige sichern ihren Lebensunterhalt als viehhaltende Nomaden; andere widmen sich dem Kulturleben und der Musik, sie werden zu Vorfahren aller derer, die Saiteninstrumente oder Blasinstrumente (!) spielen; wieder andere verstehen sich auf den Metallguss und die Bearbeitung von Bronze und Eisen.

Mit anderen Worten: Obwohl seit den Tagen von Kain und Abel der Makel der Aggression und der Gewalttätigkeit auf der Menschheit lastet, ist der Mensch doch von Gott gesegnet als einer, der sein Leben mit nützlichen Dingen bereichern kann und *sich mit Kultur profilieren* soll. Er muss auf intelligente und fantasievolle Weise lernen, seine Aggressionen sinnvoll und schöpferisch zu beherrschen. Dabei kann ihm neben der Musik und anderen Kulturformen auch die Religion helfen.

Dabei bleibt freilich offen, von wem *wir persönlich* abstammen, ob von Kain oder vom danach geborenen dritten Sohn von Adam und Eva, namens SET, oder vielleicht von einem weiteren der vielen Söhne und Töchter, die Adam und Eva nach dem Bericht der Bibel danach noch hatten. Sie gelten in ihrer zahllosen Verschiedenheit für die Bibel alle als gleich wertvoll.

Auf jeden Fall aber eröffnet Gott dann doch noch eine besondere Linie mit dem Glaubensmann NOAH, einem Nachkommen von SET: Mit diesem glaubenden Menschen schließt Gott nach der Sintflut seinen berühmten Bund im Zeichen des Regenbogens (1. Mose 8, 21ff). Und dieser Bund will, dass wir uns so verhalten, dass unsere Erde als friedliche Lebensgrundlage von uns allen geschützt und erhalten wird.

Das schließt eben wie schon gesagt auch unseren zivilen Umgang mit unserer Veranlagung zu Gewalttätigkeit und Krieg ein. Das ist aber oft ein Problem: Als gewalttätig empfinden wir ja meist eher die anderen, nicht uns selber. So sucht jeder stets einen *Grund, wie er seinen Krieg rechtfertigen* kann als eine *legitime Selbstverteidigung*. Davon reden wir im nächsten Abschnitt.

Gebet

Gott, mache das Unmögliche möglich,
und lass uns unsern Teil dazu beitragen,
dass wir Kreislauf der Gewalt durchbrechen,
weil wir erkennen, dass Frieden
mit uns selbst beginnt. - Amen

Dona nobis pacem

MM = 68
Überstimme

Traditional Latin - Mary Lynn Lightfoot - Bearb.: Jürgen Taegert 2022

(Lightfoot, Dona nobis, S. 2)

(Lightfoot, Dona nobis, S. 3)

Do - na, do - na no - bis, no - bis pa - cem. no - bis pa - - cem.

rit.   *a tempo*

Do - - na   no - - bis,   do - na no - bis__ pa - - cem. Do-na

no - bis,   do - - na no - bis,   do-na no - bis pa - - cem.   Do-na no - bis, do - na no - bis, dona no bis pa - cem!

Do-na no - -bis, dona no - -bis,

Pa - -cem pa - -cem pa - -cem, pa - -cem,

rit. MM = 56

do-na no - -bis, dona no bis pa - cem.

pa - -cem, pa - -cem, dona no bis pa - cem.

29

III. Gewalt und Krieg im Alten Testament bis zur Königszeit Israels

Musik und Gesang 3: *„Dona nobis pacem"*
(Mary Lynn Lightfoot)

Von Gewalt und Aggressivität *als grundlegenden Veranlagungen unseres Menschseins* haben wir geredet. Nach den Vorstellungen der Psychoanalyse, aber auch unserer Bibel, muss man lernen, solche Triebe zu sublimieren, also in künstlerisch-schöpferische, geistige oder andere konstruktive, gesellschaftlich anerkannte Tätigkeiten umzulenken.

Kommen wir nun zu dem anderen bereits genannten Strang der Deutung von Krieg, *Krieg als Begleiterscheinung der Sesshaftigkeit.* Dieser Krieg, sagte ich, begleitet die Landnahme Israels im gelobten Land Kanaan; er zieht sich wie ein roter Faden insbesondere durch die Bücher Josua und Richter.

Nach dem Auszug aus der Knechtschaft in Ägypten und 40 Jahren äußerst beschwerlicher Wanderung durch die Wüste haben die immer noch nomadisch lebenden Israeliten den Jordan überschritten, um sich an diesem lebenswichtigen Fluss entlang bis zu seinen Quellen im Norden niederzulassen. Dabei treffen sie auf die Kanaaniter und andere semitische Völker, die hier bereits seit Jahrhunderten leben. Zumeist wohnen diese gastgebenden Völker in befestigten kleinen Stadtstaaten.

Religiös bekennen sie sich zu den unterschiedlichsten Naturgottheiten, aber auch zu einer obersten Gottheit, *El*, die einem vielgestaltigen Götter-Pantheon vorsteht. Im Namen von *El, dem Höchsten Gott, dem Schöpfer von Himmel und der Erde* wird ABRAHAM gesegnet bei seiner Begegnung mit dem geheimnisvollen MELCHISEDEK (1. Mose 14, 18ff). Einige israelische Stämme übernehmen diesen Glauben und geben ihrem eigenen ursprünglichen Glauben an ihre Väter-Götter, den sie bislang als Nomaden praktiziert haben, eine neue Weite. Er ist nun auch für sie *der Höchste Gott, der Schöpfer von Himmel und der Erde.* Zu ihm ruft übrigens dann auch Jesus am Kreuz: *Eloi, Eloi, lema sabachthani.* Er betet hier die Worte des Psalms 22, zu übersetzen: *Mein Gott, warum hast du mich verlassen?*

Andererseits bringen insbesondere *zwei der 12* israelischen Stämme ihre besonderen Erfahrungen mit dem Glauben an den Gott *Jahwe* mit in das Siedlungsland. Und dieser *Jahwe* wird dann in besonderer Weise der *Gott Israels.* Er kommt aus der Glaubenstradition der Stämme der JOSEF-Gruppe: MANASSE und EPHRAIM und zeigt sich als der Gott, der die verschlungensten Wege der Menschen begleitet.

Jahwe hatte sich nämlich dem MOSE im Erlebnis vom brennenden Dornbusch offenbart (2. Mose, 3, 14ff) als ein Gott, der am Leben der Menschen Anteil nimmt, dessen Augen das Elend der Menschen wahrnehmen, und dessen Ohren ihre Klagen hören. er will zur Hilfe kommen, sie befreien und begleiten. Seinen Namen *Jahwe* deutet er selbst: *Ich bin für euch da.* Er ist es, der sie schließlich aus der Herrschaft des Pharao befreit. In einem entbehrungsreichen Zug führt er sie durch die Wüste. Sinnbild der Gottesnähe ist in dieser Zeit die „Bundeslade", eine Art mobiler Gottes-Thron, der beim Lagern im „Zelt der Begegnung" untergebracht wird und dann den heiligen Mittelpunkt des Lagers bildet.

Nach dem Überschreiten des Jordan erfolgte nun die Sesshaftwerdung. Sie wird beschrieben als aktive Landnahme, also als Inbesitznahme von Land zum Wohnen und zum Bebauen. In den dabei unvermeidlichen Konflikten mit der Ureinwohnerschaft ist JAHWE Israels oberster Feldherr. Seine Kriegsführung unterscheidet sich freilich von den Kriegsstrategien der Truppenführer der umgebenden Stadtstaaten und Völker. JAHWE braucht keine großen Zahlen von Kämpfern. Wie auch später in der Erzählung von DAVID und GOLIATH kann auch der Kleine mit Jahwes Hilfe siegen, wenn sein Anliegen gerechtfertigt ist.

Nun lesen wir aber in diesen biblischen Büchern JOSUA und RICHTER bei der Landnahme von vielen blutigen und grausamen Kämpfen. Jedem Religionslehrer sträuben sich die Haare, wenn er diese Geschichten kleinen Schülern nahebringen soll.

Tatsächlich ist die theologische Wissenschaft aber der Meinung, dass hier *keine Geschichtsberichte von realen*

Ereignissen der Landnahmezeit vorliegen. Sondern es werden kriegerische Ereignisse einer sehr viel späteren Zeit, als sich das Königtum etabliert hatte, *rückprojiziert* in diese frühe Zeit der Sesshaftwerdung.

Tatsächlich sei, so nimmt die Wissenschaft an, die Niederlassung der zwölf Stämme im Lande Kanaan *kein kriegerischer Überfall* gewesen. Vielmehr seien die damals noch nomadisch lebenden Israeliten *ganz allmählich eingesickert*. Sie seien nach und nach in siedlungsschwachen Gegenden sesshaft geworden. Das sei insbesondere in solchen Zeiten möglich gewesen, in denen diese Kanaanäischen Stadtstaaten *politisch geschwächt* waren. Und solche Perioden der Schwäche habe es zu dieser Zeit immer wieder gegeben, weil das Land Kanaan ein Durchzugsgebiet gewesen war, und weil es stets umgeben war von kraftstrotzenden Mächten, die dies Land als politischen Spielball nutzten: ÄGYPTEN im Süden, die SEEVÖLKER im Westen, die ASSYRER im Norden, dann die BABYLONIER im Osten usw.

Deswegen war ja dann auch das spätere Königtum Israels mit SAUL, DAVID und ihren Nachfolgern seit etwa 1000 v. Chr. immer nur von begrenzter Reichweite und kurzer Dauer. Man musste sich ständig mit solchen Großmächten arrangieren oder sich ihnen fügen. Wenn es dann zu Kriegen kam, waren sie stets äußerst blutig. Um die eigenen Leute auf solche Kriege vorzubereiten, habe man ihnen diese blutigen Geschichten von der Landnahme erzählt, sozusagen als *Kriegspropaganda*, um die eigenen Soldaten heiß zu machen. Also gezielte Kriegs-Propaganda der Könige Israels, um das Geschehen in ihrem Sinn zu beeinflussen, schon damals, nicht erst seit dem Ukraine Krieg!

Was sich aber zugleich festigte in dieser kriegsbestimmten späteren Zeit des Königtums, war der *Glaube an Jahwe*. Der Gott JAHWE wurde nun der ganz besondere, eigene Gott Israels, und sein Name wurde zunehmend zu heilig, sodass man ihn bald gar nicht mehr aussprechen durfte. Stattdessen sagte man „Adonai", „Herr", in der griechischen Bibel übersetzt mit *„Kyrios"*, der Titel, der dann im Neuen Testament auf JESUS übertragen wird. Dieser Glaube war es, der in der Rückwärtsprojektion schon die zwölf Stämme zu einer Art kultureller und geistlicher Gemeinschaft zusammengeschmiedet hatte und in der Königszeit regelmäßig bei großen religiösen Festen erneuert wurde.

Viele einflussreiche, geistlich geprägte Männer hätten es nun gerne gesehen, wenn sich die Juden diesem Gott Jahwe *ganz* zur Verfügung gestellt hätten, indem sie sozusagen *sein Heiliges Volk* sein wollten, ein *Volk, das sich ganz für Glauben, Frieden und Gerechtigkeit einsetzt.* Die Gebote dieses Gottes sollte Israel der ganzen Welt verkündigen, die Israeliten sollten selbst danach leben und sich von Kriegen fernhalten.

Die Männer mit diesen *kriegskritischen* Ideen kennen wir als die **Propheten**. Sie wurden ab *dem* Zeitpunkt zu einer bestimmenden geistlichen Macht in Israel, als der israelische Zwölf-Stämmebund vom Westen, vom Meer her, militärisch bedroht wurde. Damals drängte aus der Gegend des heutigen Gazastreifens das immer stärker werdende Seevolk der Philister mit einer überlegenen Kriegsstrategie ins Landesinnere. Die heutige Bezeichnung „Palästina" für das Heilige Land geht auf diese kämpferischen Philister zurück.

Viele in Israel waren damals der Meinung, was wir jetzt brauchen, ist auch solch eine Rüstung und so ein schlagkräftiges Militär, wie es diese anderen Völker haben; und vor allem, wir brauchen einen starken Anführer, der was von Kriegsführung versteht. Das Ergebnis war bekanntlich die Wahl SAULS zum ersten israelischen König, in den Augen der Propheten war es die *Bankrotterklärung des Glaubens*: Israel bringt seinem Gott kein Vertrauen mehr entgegen. Ab jetzt war der Glaube sozusagen nur noch dazu da, die Waffen zu segnen, Religion im Dienst des Krieges, Religion als Werkzeug in der Hand der Mächtigen, das Dilemma der Religion bis heute!

Mit diesem Königtum SAULS, dann DAVIDS, SALOMOS usw. häufen sich für Israel dann auch die Kriege, sie werden immer grausamer, so wie das damals im Nahen Osten an der Tagesordnung war. Und man muss dazu sagen: Für viele in Israel blieb dieser starke und hochgerüstete Staat, der sich seiner äußeren Feinde erwehrt, ein Vorbild auch für ihre messianische Erwartung, bis heute, Rüstung und Stärke als Garant für die politische Unabhängigkeit und für die Freiheit Israels. Viele suchten immer einen kämpferischen Messias, der mit dem Schwert umzugehen versteht.

Demgegenüber wuchs aber zeitgleich auch der **Traum der Propheten** von einem *geistlichen Königreich ohne Krieg*, die Vision von einem Friedensreich, in dem die Wölfe bei den Lämmern wohnen (Jes. 11, 6), in dem die Heiden zum Berg Zion ziehen und nach den Weisungen Jahwes fragen.

„Er, Gott Jahwe, wird viele Völker richten und mächtige Nationen zurechtweisen", schreibt der Profet MICHA in einer der berühmtesten Friedensvisionen unserer Bibel, *„Sie werden ihre Schwerter zu Pflugscharen machen und ihre Spieße zu Sicheln. Es wird kein Volk gegen das andere das Schwert erheben, und sie werden hinfort nicht mehr lernen Krieg zu führen. Ein jeder wird unter seinem Weinstock und Feigenbaum wohnen und niemand wird sie schrecken, denn der Mund Jahwes, des Herrn der Heerscharen, hat's geredet"* (Mi. 4,1 ff).

Eine sehr spannungsreiche Botschaft also finden wir im Alten Testament: Rüstung und Stärke sind zwar für die Sicherheit der Nation Israel eine Option. Aber das Herz seine Propheten schlägt eindeutig für ein Reich der Gerechtigkeit, der Liebe und des Friedens. Wir wollen dann im nächsten Abschnitt sehen, wie das Neue Testament mit diesen doch sehr unterschiedlichen Messias-Erwartungen umgeht und wie es damit in Urchristentum weitergeht.

GEBET

Du
gütiger, barmherziger und liebender
Gott und Vater,
als deine Kinder
beten wir Menschen zu dir,
auch in den unterschiedlichsten Religionen
und in den verschiedenen Sprachen unserer Welt.
Du hast uns aufgegeben,
so zu leben und zusammenzuarbeiten,
dass dein Reich auf unsere Erde komme.
Säe deine Liebe zu allen Menschen aus in unsern Herzen.
Mache uns zum Werkzeug deines Friedens,
indem wir zum Wohle aller
zusammen leben und zusammen wirken.

Amen

Verleih uns Frieden gnädiglich

Intro MM = 80

Mel. und Satz: nach Matthias Nagel - Bearb.: Jürgen Taegert 2022

Strophe

Ver - leih____ uns Frie-den gnä-dig-lich, Herr Gott____ zu un-sern Zei_ ten.

Ver - leih____ uns Frie-den gnä-dig-lich, Herr Gott____ zu un-sern Zei_ ten.

Es ist____ ja doch kein and-rer nicht, der für____ uns könn-te strei - ten,

Es ist____ ja doch kein and-rer nicht, der für____ uns könn-te strei - ten,

(Verleih uns Frieden gnädiglich, M. Nagel, S. 2)

39

IV. Die Haltung gegenüber Krieg und Gewalt im Neuen Testament und im Urchristentum

Musik und Gesang 4: *„Verleih uns Frieden gnädiglich – Halleluja"* (Matthias Nagel)

Knüpfen wir zum Thema „der Krieg und unser Glaube" noch einmal an das bisher Gesagte an:

Das Alte Testament hat uns ja mit der bitteren Erkenntnis konfrontiert: Gewalttat und Krieg sind Teil unseres Menschseins, wahrscheinlich von Anfang an. *„Das Dichten und Trachten des menschlichen Herzens böse von Jugend auf"* (1. Mose 6,5 und 8, 21) – mit diesem Statement beginnt und endet dann im AT die Sintflutgeschichte. Gott bereut es, den Menschen geschaffen zu haben.

Die Bibel kommentiert die Tatsache unserer Gewalttätigkeit so, dass sie darin das Resultat unserer *Gottesferne* erkennt: Der Mensch ignoriert Gott, weil er selber Gott sein will. Aber weil er damit an Grenzen stößt, greift er zu rücksichtsloser Gewalt, um seine Auffassung und seinen Willen gegenüber anderen durchzusetzen. Krieg tritt an die Stelle von Glauben.

Aus dieser Tatsache der Gewaltbereitschaft haben die einflussreichen Menschen Israels im Lauf der Geschichte zwei völlig gegensätzliche Folgerungen gezogen, so hörten wir: Auf der einen Seite die Herrscher, die **Könige**.

Sie haben sich die *Gewalt als ihr Monopol* angeeignet, haben feststehende Heere aufgebaut und militärisch aufgerüstet. Sie haben den Pfad der Kriege Jahwes verlassen und sich selbst an seiner Stelle zu Kriegsherren gemacht. So haben sie gehofft, sich auch gegenüber größeren Gegnern behaupten zu können. Als absolutistische Willkürherrscher haben sie dabei auch das eigene Volk ausgebeutet.

Auf der anderen Seite sehen und hören wir die geistlichen Führer des Volkes, die **Propheten**: Sie erscheinen stets als Kritiker der Herrschenden, nie als Schönredner. Sie betrachten die politischen Großmachtträume Israels als gefährlichen Größenwahn. Und sie verkünden dem Volk den wahren Willen Jahwes, ein zukünftiges *Friedensreich*, das in ihren bildhaften Visionen plastische Gestalt annimmt.

– Es sind diese Visionen, die auch uns bis heute immer wieder inspirieren, von denen einige ja auch in den Weihnachtsgottesdiensten ihren festen Platz haben, wenn sie uns die Weihnachtsgeschichte deuten:

„Das Volk das im Finstern wandelt, sieht ein großes Licht und über denen die der wohnen im finsteren Lande scheint es hell ... Denn ein Kind ist uns geboren, ein Sohn ist uns gegeben, und die Herrschaft ist auf seiner Schulter; und er heißt Wunder-Rat, Gott-Held, Ewig-Vater, Friede-Fürst; auf dass seine Herrschaft groß werde und des Friedens kein Ende auf dem Thron Davids und in seinem Königreich, dass er's stärke und stütze durch Recht und Ge-

rechtigkeit von nun an bis in Ewigkeit. (Jesaja 9).

Was ist aus diesen beiden so ganz unterschiedlichen Einstellungen zu Krieg und Frieden – Gewalt als Monopol und Mittel der Mächtigen einerseits, Friede als die eigentliche Verheißung und der Auftrag Gottes andererseits – damals geworden? Nun, Israels Träume von der Großmacht haben sich stets als wenig realistisch erwiesen, sie endeten jeweils bitter. Im 8. Jh. v. Chr. (733/722) ging das gesamte israelische Nordreich in den Auseinandersetzungen mit den mächtigeren Assyrern unter; seitdem siedelten hier auch viele Fremde unter den Israeliten. Das ist dann im Neuen Testament „das Galiläa der Heiden", aus dem dann aber die wahren Frommen, Jesus und seine Jünger, hervorgehen.

Im 6. Jh. v. Chr. wurde dann der Rest Israels, das Südreich mit Judäa und Jerusalem, zur Beute der nächsten Großmacht, des Babyloniers Nebukadnezar. Auch er verschleppte entsprechend den damaligen Kriegsbräuchen die verbliebene Oberschicht Israels ins Exil, behandelte sie aber dort in Babylon anständiger, als aus der Bibel ersichtlich ist. So blieben viele Juden gern in Babylon, ein neues Zentrum der jüdischen Kultur erwuchs dort seitdem. Das gelehrte Judentum breitete sich von Babylon über den ganzen Nahen Osten aus.

Nur ein kleiner Teil der Israeliten kehrte 70 Jahre später (539) in das Land Kanaan zurück, mit Genehmigung des persischen Herrschers Kyros, den man deshalb im Judentum seitdem als einen Messias Gottes, einen von

Gott Beauftragten, verehrt. Wieder zurück im Hl. Land baute man hier einen kleinen, politisch abhängigen Staat auf, mit einem Tempel als geistlichem Zentrum.

Aber die beiden unterschiedlichen Stimmungen blieben im Volk lebendig: Hoffnung auf ein Wiedererstarken der eigenen politischen Macht einerseits, mit der Erwartung eines militärisch starken Messias, der den neuen Machthabern am Mittelmeer, den Römern, Paroli bietet. Auf der anderen Seite die Sehnsucht der vielen abhängigen kleinen Leute nach Gerechtigkeit, nach Frieden und Teilhabe am Leben, nach Heilung, nach einem auskömmlichen Dasein.

Die auf einen starken Messias hofften, waren bereit, selbst dafür die Waffen zu ergreifen, sie warben für einen neuen starken Nationalstaat. Einige von ihnen könnte man mit Guerillas oder sogar Terroristen vergleichen; sie verübten Anschläge sogar am helllichten Tag, die sg. **Zeloten** bzw. Sikarier, sie trugen stets einen Dolch (lat. „sica") bei sich.

Für die anderen, die Friedensuchenden, war das Mittel der Wahl die überzeugende Predigt, welche Menschen begeistern und seelisch trösten und auch den Gegner zur Einsicht bringen konnte.

Für *beide Richtungen* findet man **im Kreis der Jünger Jesu** Überzeugte. So standen sicher einige Jünger den Zeloten und ihren Ideen von einem machtvollen Königreich nahe, unter ihnen ein Namensvetter von Petrus,

SIMON, den man deshalb auch den „Zeloten" nannte (Luk. 6, 15; ApG 1,13). An anderen Stellen wird er der „Eiferer" genannt (Mark, 3,18; Mat. 10,4). Er kam wohl von den Dolchmännern, vertraute aber JESUS.

Außerdem sehen wir hier natürlich JUDAS. Seinen Beinamen „Iskariot" kann man ebenfalls auf den mitgeführten Dolch, Sika, zurückführen. Seinen Handel mit dem Hohen Rat um die 30 Silbertaler kann man so interpretieren, dass er Jesus damit zum Einsatz seiner himmlischen Macht gegen die Römern provozieren wollte. – Auch seinen Namensvetter JUDAS THADDÄUS rechnet man zu den Zeloten, vielleicht auch die übermotivierten „Donnersöhne" Jakobus und Johannes (Mark. 3,15), welche gegen reservierte Samaritaner gern mit „Feuer vom Himmel" vorgehen wollen (Luk. 9,54).

Fragen darf man schließlich auch bei SIMON PETRUS selbst. An einer Stelle im Markus-Evangelium will PETRUS dem JESUS den Kreuzweg ausreden. Da reagiert JESUS heftig: *„Geh weg von mir, Satan! Denn du meinst nicht, was göttlich, sondern was menschlich ist"* (Mark. 8, 33). Also auch PETRUS dürfte wohl eine Zeitlang die Hoffnung auf einen starken politischen Messias gehabt haben. Diese Erwartung lehnt JESUS aber als „satanisch" ab.

Auch aus anderen Evangelien-Texten schimmert die Erwartung der Jünger hervor, dass Jesus einen machtvollen Gottesstaat errichten wird, vergleichbar den Ajatollahs im Iran, ein Gottesstaat, wo dann die Jünger an der Herrschaft beteiligt werden, die einen links, die anderen rechts von seinem Thron (Mark. 10, 35ff). Und woher, so darf man auch fragen, hatte PETRUS plötzlich das *Schwert*, mit dem er dem Knecht des Hohepriesters das Ohr abschlägt, außer er hat es selbst ständig unterm Gewand getragen, wie die Zeloten?

Auf jeden Fall erleben dann alle Jünger die Gefangennahme Jesu und seine Verurteilung zum Tode als ein Desaster. Sie sind völlig am Boden und gehen niedergeschmettert wieder zurück nach Hause, nach Galiläa, an ihre frühere Arbeit, bedrückt von dem verzweifelten Gefühl, drei Jahre ihres Lebens in den Sand gesetzt zu haben.

Erst dann kommt es in ihrem Denken zu einer überraschenden Wende. Es kommt zu dem in der Geschichte einmaligen Ereignis, das die Bibel vorsichtig tastend „Auferweckung" nennt. Vorsichtig deshalb, weil man dabei nicht an die Wiederbelebung eines Leichnams denken soll, sondern einen fast explosionsartigen Wandel aller Verhältnisse. Ergebnis ist jedenfalls, dass sich die eben noch völlig desolate Jüngergruppe wieder sammelt und in einen Triumphzug auf das gefährliche Pflaster Jerusalem zurückkehrt, mit der Botschaft: *„Der Herr ist auferstanden, er ist wahrhaftig auferstanden."*

Sie haben die Schriften des Alten Bundes durchstöbert und darin wie ein Aha-Erlebnis das gefunden, was ihnen den Sinn des Kreuzes Jesu aufschließt, vor allem in den Propheten-Texte mit den Liedern vom Gottesknecht: *„Fürwahr, er trug unsere Krankheit und lud auf sich uns-*

re Schmerzen ... er ist um unsrer Missetat willen verwundet und um unsrer Sünde willen zerschlagen. Die Strafe liegt auf ihm, auf dass wir Frieden hätten, und durch seine Wunden sind wir geheilt ..." (Jes. 53, 4ff).

Auch der schon genannte Psalm 22 wurde zu einer wichtigen Verständnishilfe (Vs. 8: *„Alle, die mich sehen, verspotten mich"*; Vs. 17b *„Sie haben meine Hände und Füße durchbohrt"*; Vs. 19: *„Sie teilen meine Kleider unter sich und werfen das Los um mein Gewand"*).

Die Auferweckung Jesu bedeutet den völligen Wandel im Glauben, Denken und Leben der Jesus-Nachfolger. Sie werden geläutert, hin zu einem **pazifistischen Denken** (auch wenn man natürlich einschränkend sagen muss, dass sich dieser Begriff „Pazifismus" für eine aktivkämpferische Friedenseinstellung erst im 19. Jh. etablierte).

Und dieser **„neue Weg"** (ApG 9,2 u.ö.; Hebr. 10, 20) zieht damals ganz rasch ganz viele Menschen in den Bann, so auch den Pharisäerschüler SAULUS aus Tarsus. Er wird durch ein Bekehrungserlebnis zum bedeutendsten Wanderprediger der Jesus-Gruppe. Durch ihn wird das Kreuz zum Dreh und Angelpunkt des neuen Glaubensweges. Im ersten Korintherbrief beschreibt er diesen existenziellen Wandel des Denkens bei den frühen Christen: *„Denn das Wort vom Kreuz ist eine Torheit denen, die verloren werden; uns aber, die wir selig werden, ist es Gottes Kraft."* (1.Kor. 1,18ff).

Was für unser Thema „der Krieg und unser Glaube wichtig ist", ist die völlig neue Einschätzung von Sieg und Niederlage, von Tod und Leben, von Hass und Liebe. Gott hat dem gekreuzigten Messias Jesus Recht gegeben. Das Kreuz entpuppt sich nicht als Ort der ohnmächtigen Kapitulation vor der aggressiven Gewalt böser Mächte, sondern es steht nun als Zeichen des Sieges über alles Böse. Der christliche Glaube zeichnet so den Christen ihren weiteren Weg vor: *Wer Jesus nachfolgen will, soll sein Kreuz auf sich nehmen und seinem Weg des Friedens folgen.*

Und genau das ist es, was nun für die nächsten drei Jahrhunderte im Umgang mit Feindschaft, Aggression und Gewalt der Weg der Christen wird: **Sie verweigern sich der Gewaltanwendung.** Als Wanderprediger machen sie sich auf den weltweiten Weg. Im Nahen Osten und im gesamten römischen Kulturraum rund um das Mittelmeer verkünden sie nun ihre revolutionäre Botschaft: *Gott will, dass die Menschen sich mit ihm versöhnen und auch untereinander Frieden schließen.*

Wie eine Explosion ereignet sich in den örtlichen Verhältnissen die Auferstehung des Gekreuzigten und verändert dabei alles. Den Jesus-Predigern sind dabei insbesondere erstens solche Geschichten wichtig, die von Jesus als einem wunderbaren Heiland und Arzt erzählen, der die Menschen bis in die Tiefen ihre Seele erkennt, der ihr Leben zurechtbringt und sie heilt. Und ihnen sind zweitens auch die Worte und Predigten wichtig, die

Jesus selbst gehalten hat, in denen er die Feindesliebe als den wahren Sinn der Gebote darstellt: *„Selig sind die Frieden stiften, denn sie werden Gottes Kinder heißen"* (Matt. 5,9).

Rings ums ganze Mittelmeer entstehen in unfassbarer Geschwindigkeit frühchristliche Gemeinden. Sie reagieren ihrer römischen Obrigkeit gegenüber – dem Wort Jesu entsprechend: „Gebt dem Kaiser, was des Kaisers ist und Gott, was Gottes ist" – zwar loyal, aber zugleich widerständig: Sie lehnen entsprechend den Forderungen der Bergpredigt Jesu den Waffendienst ab; sie verweigern den Soldateneid und widersprechen auch der vorgeschriebene Kaiseranbetung. Es soll sogar frühkirchliche Synoden gegeben haben (Elvira 306), welche Strafen ausgesprochen haben gegen Christen, welche Waffen trugen.

Vor allem aber bemühen sich die Christen um eine vorbildliche Lebensführung in ihren Gemeinden nach dem Liebesgebot Jesu, so beispielhaft, dass es auch heidnische Römer zum Staunen treibt: *„Seht, in welcher Liebe sie beieinander wohnen".* Zugleich sind die Christen aber auch bereit, für ihre Haltung nach dem Beispiel Jesu mit dem persönlichen Martyrium einzustehen.

Diese konsequente Haltung, welche die Christen wie eine eigene innere Auferstehung erleben, ist es, die damals letztlich nicht nur das religiöse und moralische Denken der Menschen verändert, sondern die ganz tief eindringt in die Strukturen der Jahrtausende alten Einstellungen zu Krieg und Gewalt und die dann auch dieses archaische Denken allmählich verändert.

Gebet

(Ausschnitt aus einer Dichtung des US-amerikanischen Pulitzer-Preisträgers Stephen Vincent Benét aus dem Jahr 1942, die als „Gebet der Vereinten Nationen" bekannt ist.)

Gott,
unsere Erde ist nur ein
kleines Gestirn im großen Weltall.
An uns liegt es,
daraus einen Planeten zu machen,
dessen Geschöpfe nicht von Kriegen gepeinigt werden,
nicht von Hunger und Furcht gequält,
nicht zerrissen in sinnlose Trennung nach Rasse,
Hautfarbe oder Weltanschauung.

Gib uns Mut und Voraussicht,
schon heute mit diesem Werk zu beginnen,
damit unsere Kinder und Kindeskinder einst
stolz den Namen Mensch tragen.

Amen

Dona la pace - Schenk deinen Frieden

MM = 68

Gesang aus Taizé Nr. 53 - Bearb. Jürgen Taegert 2018

Do - na la pa - ce Si -
Schenk dei - nen Frie - den, Herr,

gno - re a chi con - fi - da in te.
al - len, je - dem, der fest auf dich traut.

Do - na, do - na la pa - ce Si - gno - re,
Schen - ke, schenk dei - nen Frie - den, Herr, al - len,

do - na la pa - ce.
schen - ke uns Frie - den!

V. Krieg bei Augustinus und Thomas von Aquin und die Friedenskirchen

Musik und Gesang 5: *„Dona la pace signore"*
(Lied aus Taizé)

Es dauerte noch bis zum Jahr 380 – also noch 67 Jahre *nach* der sg. „Konstantinischen Wende" (313 n. Chr.), – bis das Christentum dann unter Kaiser THEODOSIUS I._zur offiziellen Staatsreligion des Römischen Reichs erklärt wurde. Aber der bekannte Sieg KONSTANTINS an der Milvischen Brücke 312 n. Chr. ist doch *das* Ereignis, in dessen Folge die Christen zunächst einmal eine gewisse Sicherheit für die Ausübung ihres widerständigen und bisher verbotenen Glaubens erlangten.

Der Sage nach (Euseb) hätten KONSTANTIN und seine Leute am Tag vor der Schlacht ein Kreuz aus Licht über der Sonne gesehen und dazu in Griechisch die Worte: „en touto nika" (wörtlich: „In diesem siege"). Sie hätten das nicht verstanden. Da sei dem KONSTANTIN in der Nacht im Traum CHRISTUS mit diesem Zeichen erschienen und habe ihn angewiesen, dieses Zeichen ☧ auf die Schilde der Soldaten zu malen.

Viele setzen es mit dem „Christusmonogramm" gleich, das man auch auf jeder byzantinischen Christus-Ikone findet: zwei übereinandergeschriebene griechische Buchstaben, Chi und Ro, die aussehen wie ein großes X und ein P, der Anfang des Namens *Christus*. Dieses Monogramm wurde später auch zum Feldzeichen der römischen Truppen.

Die Frucht von Konstantins Sieg war die sg. Mailänder Vereinbarung, ein Abkommen, das dann KONSTANTIN als Kaiser des weströmischen Reiches im Jahr 313 mit LICINIUS, dem Kaiser des Ostens abschloss. Es gewährte *„sowohl den Christen als auch überhaupt allen Menschen freie Vollmacht, der Religion anzuhängen, die ein jeder für sich wählt".* Tatsächlich wurde damit *allen* römischen Bürgern die Religionsfreiheit gewährt, und die Christenverfolgung war beendet. Die bunt gemischte Bevölkerung im Römischen Reich hing freilich zu dieser Zeit noch den unterschiedlichsten Kulten an, war also noch nicht mehrheitlich christlich.

Der Preis, den die Christen dafür zahlen mussten, dass sie nun geduldet wurden, war aber hoch, denn nun standen sie zum ersten Mal *im Bündnis* mit einer militärisch hochgerüsteten Macht; damit waren sie erneut nach ihrer Einstellung zu Krieg und Frieden gefragt. Christliche Synoden, welche die Entscheidungen für die gesamte Christenheit zu treffen hatten, waren nun immer auch Angelegenheiten kaiserlichen Politik, und so ist es kein Wunder, dass so eine Synode bereits ein Jahr später (Arles 314) den Christen den Dienst mit der Waffe *erlaubte.*

Dennoch lebte der christliche Pazifismus zunächst ungebrochen weiter; ja, er durchdrang jetzt immer stärker auch das Heer und schwächte es natürlich. Fremde Völkergruppen von außen bedrohten in der Zeit der Völkerwanderung den Staat von seinen Rändern her, manche kamen stark bewaffnet, mit feindlicher Gesinnung, wie die Hunnen; andere dagegen wollten im römischen Reich lediglich siedeln, wie die Goten.

Da kam es im Jahr **410 n. Chr.** zu einem Ereignis mit nachhaltigen Folgen, welches in den Geschichtsbüchern gern so beschrieben wird: *„Die Hunnen unter Alarich verwüsten Rom."* Und zu ihrer Abwehr ruft der angesehene Kirchenvater AUGUSTINUS (354-430) die Bevölkerung zum Verteidigungskrieg auf.

Daran ist Verschiedenes einfach falsch. Tatsächlich sind es nicht eigentlich die *Hunnen*, sondern die *Goten*, die damals vor Rom stehen. Die Hunnen sind zu diesem Zeitpunkt schon entmachtet; einige dienen bei den Goten als Söldner. Und die Goten sind auch Christen, wie die Römer, wenn sie auch Jesus nach der *Arianischen Variante* des Christentums verehren. – Wie den Goten aus dem *germanischen Gefolgschaftswesen* vertraut ist, untersteht bei ihnen der erstgeschaffene Gottessohn Jesus dem Gott Vater in einem Verhältnis *von Unterordnung und Treue.* –

Der Westgote ALARICH fungiert damals als so eine Art *Warlord* im Dienste der Römer, er ist Führer einer bunt zusammengewürfelten Söldnertruppe. Das Problem damals, an dem sich die Sache entzündet, ist, dass der Kaiser (HONORIUS) den vereinbarten Sold nicht gezahlt hat.

Die hungernden Männer sind in einer verzweifelten Lage, sie wissen sich nicht anders zu helfen, als sich nun selbst zu bedienen. Man öffnet ihnen sogar freiwillig die Tore der Stadt. Sie dürfen in Rom bei den Reichen plündern, drei Tage lang. Sie verschonen aber als Christen bewusst die Kirchen, wo die ärmeren Leute Zuflucht gesucht haben; insgesamt kommt es wohl kaum zu größeren Verwüstungen.

ALARICH hatte wohl auch überhaupt nicht geplant, Rom zu plündern. Aber das sture Verhalten des HONORIUS und der Hunger seiner Leute haben hier eine Art Handlungszwang erzeugt. Dennoch sitzt der Schock tief, denn es ist das *erste* Mal seit rd. 800 Jahren, dass Rom, dieser symbolische Mittelpunkt der Welt, geplündert wird (davor nur 387 *v.* Chr., durch die Kelten; die Gänse vom Kapitol haben davor gewarnt).

Die Geschichte wird schon zu Propagandazwecken damals bewusst aufgebauscht. Seitdem entsteht die **Lehre vom gerechten Krieg**: Die Hunnen werden vorgeschoben und dienen als Klischee für das Barbarentum, vor dem man die eigene Kultur durch Krieg schützen darf.

In seiner umfangreichen Abhandlung *„De Civitate Dei - Vom Gottesstaat"* kreiert AUGUSTINUS mit großer Wirkung die neue Lehre. Er teilt die Lebenswirklichkeit dialektisch in zwei Bereiche: *„civitas Dei" (Gottesstaat)* und *„civitas terrena" (irdischer Staat)*. Christen leben in beiden Bereichen, aber es herrschen unterschiedliche Re-

54

geln. Der Gottesstaat ist gekennzeichnet von Vergebung, Gnade, Nächsten- und Feindesliebe; dagegen herrschen im irdischen Bereich Selbstliebe, Rache und Gewalt. Damit auf Erden eine geordnete Gewalt (ordinata concordia) hergestellt werden kann, sei der **Kriegsdienst auch für Christen notwendig**.

AUGUSTINUS formuliert aber für kriegerische Handlungen *vier Bedingungen* (De civitate Dei 19,12-17), sie sind seitdem in der Bewertung von Kriegen als allgemeingültig anerkannt:

1. Es muss einen *gerechten Grund (causa iusta)* geben, z.B. die Landesverteidigung.

2. Der Krieg muss *ohne Rachgier und ohne Eroberungssucht* geführt werden.

3. Er darf nur durch eine *legitimierte Macht (legitima potestas)* ausgerufen werden: also vom Staat; und

4. es müsse eine *harte Notwendigkeit (dira necessitas)* vorliegen, kein Privatkrieg. Damit sollte damals das bis dahin geltende Fehderecht eingedämmt werden.

Diesen Bedingungen fügt später der mittelalterliche Kirchenlehrer THOMAS VON AQUIN (1225-1274) noch zwei weitere hinzu (Summa Theologiae 2IIq29 und q40):

5. Es muss *so wenig Gewalt wie möglich* ausgeübt werden *(debitus modus)*; und

6. Es darf nur ein *Verteidigungskrieg mit dem Ziel des Friedens* sein *(bellum defensivum)*. Nur Friede rechtfertigt überhaupt einen Krieg.

Theologisch zugespitzt, und das ist seitdem das Wichtigste in der christlichen Bewertung von Kriegen: *Krieg bleibt in jedem Fall Unrecht und Sünde.* – Wir erinnern uns an den Standpunkt des Weltkirchenrats: *„Krieg soll nach Gottes Willen nicht sein"*. Er wurzelt in diesen Überlegungen des frühen Mittelalters.

Es gebe aber Situationen, in denen sich der Christ *zur Sünde des Krieges bereit erklären* müsse, dann wenn es um das *Lebensrecht des Nächsten* gehe.

Aber eins ist klar: Damit ist der konsequente, religiös motivierte *Pazifismus der Urchristenheit aufgegeben*. Ihn praktizieren in der weiteren Geschichte nur noch einzelne religiöse Sondergruppen und **Friedenskirchen**, wie die Franziskaner, die Waldenser, Hutterer, Mennoniten, manche Baptisten, die um 1650 in England entstandenen Quäker und die Kirche der Brüder, dazu auch die Jehovas Zeugen. Diese Gruppen schließen den Kriegsdienst für sich aus. Durch ihre Distanz zur herkömmlichen Machtpolitik wollen sie bezeugen, dass die Hoffnung auf Gottes Reich des Friedens bestehen bleibt.

Bekannte ist auch, dass der russische Dichter LEO TOLSTOI viele Christen auf der Basis der Bergpredigt zu einem christlichen Pazifismus inspiriert hat. Da es geistige Nachfolger von ihm auch im heutigen Russland gibt, stirbt die Hoffnung nicht ganz, dass es neben Putin dort doch noch anders Gesinnte gibt und dass sich hier in Zukunft doch mehr mutige Leute zu Wort zu melden getrauen.

Gebet

(mit einem Vers von Annette Kurschus)

Gib Frieden, Herr, wir bitten!
Die Erde wartet sehr.
Es wird so viel gelitten,
die Furcht wächst mehr und mehr. ...
Gib Mut zum Händereichen,
zur Rede, die nicht lügt,
und mach aus uns ein Zeichen
dafür, dass Friede siegt.

Amen

Freunde, dass der Mandelzweig (EG 659)

Text: Shalom Ben Chorin 1981 - Mel.: Franz Baltruweit 1981 - Satz: Posaunenchoralbuch zum EG 659

Freun-de, dass der Man-del-zweig wie-der blüht und treibt,

ist das nicht ein Fin-ger-zeig, dass die Lie-be bleibt?

Tau-sen-de zer-stampft der Krieg, ei-ne Welt ver-geht.

Doch des Le-bens Blü-ten-zweig leicht im Win-de weht.

VI. Die Einstellung zu Krieg und Gewalt bei Luther, Kant und bis in die Gegenwart

Musik und Gesang 6: *„Freunde, dass der Mandelzweig"* (Schalom Ben Chorin, EG 659)

MARTIN LUTHER, von dem wir bei unserm Thema „Der Krieg und unser Glaube" jetzt noch reden müssen, hat sich damals diese altkirchlichen Positionen von AUGUSTINUS und THOMAS VON AQUIN im Wesentlichen zueigen gemacht. Auch er teilt unsere Lebenswirklichkeit in zwei Bereiche und betrachtet die Lebenswirklichkeit der Menschen dialektisch: Einerseits gibt es Menschen, die nach dem Liebesgebot von Jesus Christus leben und bewusst Christen sein wollen; sie verzichten deshalb für sich auf den Gebrauch von Gewalt und erleiden lieber selber Unrecht, als es anderen zuzufügen. Auf der anderen Seite gibt es viele, die, obwohl getauft, dennoch unchristlich und eigensüchtig leben und damit anderen schaden. Um derentwillen hat Gott der Obrigkeit das Schwert gegeben, das auch ein Christ führen darf.

LUTHER formuliert das 1523, also noch vor den Bauernkriegen, in seiner Schrift *„Von weltlicher Obrigkeit, wie weit man ihr Gehorsam schuldig sei"*. Man könnte sein Wort *„die Lehre von den zwei Herrschaftsweisen Gottes"* oder *„von den zwei Regimenten"* nennen. Daraus hat man erst im 20. Jahrhundert sehr versimpelt die sg. „Zwei-Reiche-Lehre" gemacht. Nach ihr lebt der der Glaubende im Reich Gottes, wo die Gesetze der Liebe gelten; aber als Weltmensch schuldet er zugleich der Obrigkeit Gehorsam.

Daraus haben manche gefolgert, dass die Kirche sich nur um den Glauben der Menschen zu kümmern habe, aber in allen anderen Dingen den Mund zu halten und sich den Herrschenden zu fügen habe. Diese zwiespältige Haltung hat dann mit zu dem schrecklichen Schweigen beigetragen, das man dann in der Hitlerzeit leider bei der Mehrheit der Christen gegenüber dem Unrechthandeln des Dritten Reichs beobachten kann. Als es um ein Nein zu den Euthanasiemorden und um Widerstand beim Genozid an den Juden ging, war der Einsatz der Christen in Deutschland schwach bis gar nicht vorhanden.

Auch ein kirchlicher Protest gegen den Zweiten Weltkrieg erfolgte nicht. Vielmehr beim Nachsprechen von Feindbildern wie „Bolschewisten" und bei der Abqualifizierung des Slawen als Untermenschen folgte man willig Hitlers Propaganda, so wie in Augustinus' Zeit dem Feindbild der Hunnen. Dabei haben die christlichen Kirchen im „Dritten Reich" noch weit über 90 % der Bevölkerung repräsentiert, sie hätten also mit einer gewissen christlich-moralischen Standhaftigkeit sicher einiges bewirken können.

Die Reformierten, also die von der Reformation durch CALVIN und ZWINGLI herkommen, nehmen in ihrer politischen Ethik eine andere Position ein. Sie nennen ihren theologischen Zugang die *„Königsherrschaft Christi".* Danach untersteht *unser ganzes Leben* dem auferstandenen und im Himmel thronenden Christus, in allem, was wir sagen und tun. Daher ergibt sich auch die Pflicht zum Widerstand an allen Stellen, wo ein Staat Unrecht tut.

Kein Wunder, dass es damals vor allem Reformierte waren, welche im Dritten Reich die Bekennende Kirche ins Leben riefen. Sie zeigten, wie nur wenige andere, einen gewissen Mut zum eigenen christlichen Profil gegenüber den Ansprüchen des totalitären Staates. Bei der gemeinsamen Synode aller evangelischen Kirchen in Barmen 1934 haben sie ein noch heute bemerkenswertes, deutliches Bekenntnis formuliert, das unsere Evang.-Luth. Landeskirche in Bayern damals zwar – wenn auch ein wenig halbherzig – mitgetragen, aber erst vor fünf Jahren (2017) in ihre Kirchenverfassung mit aufgenommen hat.

Es stellt JESUS CHRISTUS in die Mitte als „das eine Wort Gottes, das wir zu hören, dem wir im Leben und im Sterben zu vertrauen und zu gehorchen haben." Außer und neben diesem einen Wort Gottes gäbe es keine anderen „Ereignisse und Mächte, Gestalten und Wahrheiten", die die Kirche „als Gottes Offenbarung anerkennen" müsse. Es gebe auch keine „Bereiche unseres Lebens, in denen wir nicht Jesus Christus, sondern anderen Herren zueigen wären, Bereiche, in denen wir nicht der Rechtfertigung und Heiligung durch ihn bedürften."

Heute, wo die christlichen Kirchen in Deutschland nur noch weniger als die Hälfte der Bevölkerung repräsentieren, ist die Stimme der Christenheit und ihr Einfluss natürlich noch schwächer. So ist es sicher auch kein Wunder, dass in der gegenwärtigen Krise weder auf die Mahnung des Weltkirchenrates noch die des Papstes irgendjemand hört.

Nachdem aber die meisten Menschen doch als vernünftig und aufgeklärt gelten wollen, möchte ich aus der jüngeren Geschichte doch wenigstens noch zwei Beispiele anführen, wie sich Menschen bzw. Völker um die Überwindung der Institution Krieg bemühen:

Es war der damals viel beachtete deutsche Philosoph IMMANUEL KANT, der unter dem Eindruck der Französischen Revolution von 1789 fünf Jahre nach deren Beginn eine Schrift verfasste, unter der Überschrift: „ZUM EWIGEN FRIEDEN".

Hier formuliert ein kluger Kopf zunächst einmal drei Bausteine, die uns heute alle inzwischen selbstverständlich sind und von denen er damals annahm, sie könnten helfen, Kriege ein für alle Mal auszuschließen:

Es müsse erstens überall ein *republikanisches Staatsrecht* eingeführt werden, die r*echtliche Gleichheit aller Bürger* müsse gewährleistet sein.

Zweitens müsse man einen *Völkerbund* schaffen, der diesen ewigen Frieden formuliert und garantiert.

Und drittens müsse man ein *Menschenrecht* entwickeln, das alle Menschen zu Weltbürgern mache und jedem gleiche Rechte garantiere.

Damit der auf diesem Fundament angestrebte Friede funktioniere, benannte KANT sechs negative *Bedingungen*, die besagen, was man zukünftig *unterlassen* müsse, um den ewigen Frieden zu erreichen:

Unterlassen müsse man: 1. jede Form politischer *Geheimdiplomatie*, weil solchen geheimen Verabredungen zu leicht zu Kriegen führe.

Unterlassen müsse man 2. jeden *militärischen Angriff*, der das Selbstbestimmungsrecht anderer Nationen ignoriert.

3. Verboten wäre auch jede *gewaltsame Intervention* in die inneren Angelegenheiten eines anderen Staates – außer im Fall eines Bürgerkrieges.

Abgeschafft werden müssten 4. *alle stehenden Armeen*; denn jede vorhandene Armee berge auch die Versuchung, sie einzusetzen.

5. müssten Regeln eines *Kriegsvölkerrechts* anerkannt werden; die Gegner müssten sich nach einem Krieg noch in die Augen schauen können.

Und 6. dürfe niemand zum Zweck von Kriegsführung *Schulden* machen. –

Wir sehen: die drei erstgenannten Bausteine *republikanische Verfassungen, Völkerbund, Menschenrechte* haben wirklich in vielen Teilen unserer Welt Fuß gefasst. Auf ihre Menschenrechte pochen bei uns sogar schon die Kindergartenkinder. Aber welche Wirkungsmöglichkeiten solche Verfassungen oder Völkerbund bzw. UNO haben, das hängt doch sehr vom Wohlwollen der einzelnen Regierungen ab. Diese Friedens-Institutionen haben ja keine wirkliche Macht, etwas durchzusetzen; sie erscheinen manchen Machthabern eher als Papiertiger, den man nur dann mit Leben füllt, wenn es um die eigenen Interessen geht.

Auch die sechs genannten Verbote, insbesondere die Abschaffung von Armeen oder das Verbot zum Schuldenmachen, klingen ja eigentlich alle sehr vernünftig. Aber gibt auf unsere Erde auch nur einen einzigen Staat, der das alles in größerem Stil auch wirklich anwendet?

Ja, und das ist nun das Verblüffende: einen solchen Staat gibt es wirklich, ohne dass das bislang besonders beachtet wird. Nein, ich meine nicht den Vatikan, der unterhält ja immerhin noch seine bewaffnete Schweizer-Garde. Außerdem gibt es noch rd. weitere Kleinstaaten, die kein stehendes Herr unterhalten; sie haben aber zumeist Schutzbündnisse mit größeren Staaten.

Ich meine vielmehr die mittelamerikanische Republik **Costa Rica**: ein Siebtel so groß wie Deutschland, 5 Millionen Einwohner, davon drei Viertel Christen, katholisch und evangelisch, tolerant aber auch gegenüber den indigenen Bevölkerungsteilen, die noch ihre traditionellen Religionen pflegen, zum Teil vermischt mit Christlichem.

Und nun das Erstaunliche: Es gibt dort schon seit über 70 Jahren (1948) kein Militär mehr. *„Es lebe für immer die Arbeit und der Friede!"* – so lautet der Wahlspruch dieses Landes. Obwohl es in den mittelamerikanischen Staaten ringsum seitdem immer wieder blutige

Bürgerkriege und andere Konflikte gegeben hat, leben die Leute von Costa Rica in Frieden. 1948 wurde die Armee Costa Ricas aufgelöst. Angesichts damaliger bewaffneter Konflikte in benachbarten Ländern erklärte das Land darüber hinaus 1983 seine „dauerhafte und aktive unbewaffnete Neutralität"; es wird deshalb auch „die Schweiz Zentralamerikas" genannt. Das Wirtschaftswachstum ist beeindruckend. Als Sicherheitskräfte fungieren bewaffnete Polizisten, welche die allgemeine Strafverfolgung sicherstellen. Sie kontrollieren auch den allgegenwärtigen Drogenhandel an den Grenzen. Mit dem bei der Rüstung eingesparten Geld finanziert man die Bildung, den Umweltschutz, die öffentliche Gesundheit und die öffentlichen Universitäten des Landes sowie mehrere öffentliche Krankenhäuser.

Bei diesem positiven Ausblick möchte ich aber auch Deutschland und Europa nicht vergessen: Auch wir haben ja etwas Einmaliges erlebt. Wir leben hier seit bald 80 Jahren in Frieden miteinander, sogar mit solchen Völkern, die sich einst gegenseitig als Erzfeinde bezeichnet und behandelt haben. Solche langen Friedensperioden gab es in der deutschen Geschichte noch nie. Und auch, als wir vor gut 30 Jahren eine Wiedervereinigung erlebt haben, ist dabei kein Schuss gefallen.

Voraussetzung für das Zustandekommen dieser Versöhnung der Völker und der Vereinigung Deutschlands war aber der Wunsch nach Versöhnung und das Klima eines gegenseitigen Vertrauens.

Darin sehe ich auch für uns als Christen zukünftig die Hauptaufgabe: Unsere aktive *Beteiligung an vertrauens-bildenden Maßnahmen.* Das kann z.B. schon dadurch geschehen, dass wir in unseren Gemeinden unsere jungen Leute dabei unterstützen, beim **Pilgerweg des Vertrauens auf der Erde** mitzugehen, zu dem viele Jugendliche jedes Jahr in Taizé zusammenkommen. Denn wo wir Menschen einander vertrauen können, brauchen wir keine Waffen.

Wir lassen uns einladen zur eigenen Praxis: *„Geh voran auf deinem Weg, denn er existiert nur dadurch, dass du ihn gehst."* Im gegenseitigen Vertrauen entdecken wir uns untereinander als Geschwister und sind mit Jesus als unserem Menschenbruder vereint.

Mitglieder des Verbandes Evangelischer Posaunenchöre in Bayern
bei der Bläserfreizeit im Oktober 2022 am Achensee

Gebet:

In deine Hände, Herr, lege ich
meine unruhigen Gedanken,
meine wirren Gefühle,
mein Leben.
In deinen Schoß lege ich
meinen müden Kopf,
die Früchte meines Tuns,
meine Sorgen.
Unter deinen Mantel lege ich
meinen schutzlosen Leib,
meine verwundete Seele,
meinen angefochtenen Geist.
In deine Hände lege ich
meine Freunde,
meine Feinde,
mein Leben.
Sei du bei mir und bei uns allen,
mit deinem Frieden.
Amen